Das

Einkaufsverhalten in

Schleswig-Holstein

Oder

Wie, Wann, Was,

Heute Schon?

I

Von

Frank Zacharias

Geschrieben und Gezeichnet März 2008

Herstellung und Verlag:
Books on Demand GmbH, Norderstedt
ISBN 978-3-8370-5794-2

Kapitels

Noch mehr Kapitels

Einführung

Man sieht sie ziellos umherirren, die Hände verkrampft am Einkaufswagen, ein wirrer Blick zu den Kindern, wo sind sie denn, weiß nicht genau, eben waren sie noch da.

Die Tüten zerschneiden die Hände, der vollgepackte extrabreite Einkaufswagen ist kaum noch zu bewegen, Einkaufsgut auf dem Arm, welches kaum noch zutragen ist.

Jemand hat den Einkaufszettel und sagt dem anderen nicht was dort darauf verewigt ist.

Streitgespräche sind fast immer und überall zuhören, weil einer guckt da, der andere guckt dort und dies passiert nur, weil der eine nicht weiß, was er machen soll in dem überfülltem Vergnügungsparadies.

Wenn er alleine dort wäre, würde die ganze Veranstaltung im Höchstfall dreißig Minuten dauern, so aber acht bis zwölf Stunden.

Zeichnung 1: Jetzt geht es los

Es wird Einkaufsgut mitgenommen, auch wenn es nicht auf dem Zettel steht, es sind ja genug Angebote anwesend und die Magnetkarte an der Kasse wird alles bereinigen.

So, jetzt wissen wir im groben erst einmal worum es überhaupt geht. Einkaufen zu jeder erdenklichen Tageszeit, in jeder erdenklichen Aufmachung, alleine, Paarweise, in Gruppen oder auch in Horden.

Der Vorgeschmack

Die Tage, Wochen und Monate ziehen jedes Jahr durch Schleswig Holstein.

Eine wunderbare Ruhe und Gelassenheit prägt dieses Bundesland. Das soll es ja auch, denn wo kann man schöner seinen Urlaub genießen als hier oben in Deutschland. Nichts kann den Einwohner aus der Ruhe bringen. Da kann man schon mal Sätze hören wie „**ich kann das ja auch in drei Wochen erledigen**" oder wer kennt ihn nicht, den legendären Satz "**wir schnacken noch**", das bedeutet soviel wie, ich habe es gehört, werde es meinem Partner nicht weitersagen und werde es sogleich auch schon wieder vergessen. Ein Satz darf natürlich nicht fehlen, selbst ein Großteil der Schleswig Holsteiner kannten diesen Ausdruck nicht **„ Soll der Bon mit"**.

Jeden Tag erreichen Trillionen von Werbeprospekten die Haushalte, angesprochen werden ganz Junge, mittel Junge, junge Junge, normale Einwohner und natürlich auch die Ureinwohner des Landes.

Diese Unterhaltungsbeilagen haben den Auftrag, dem Magnetkartenbesitzer zu vermitteln, wieso er überhaupt loslatschen soll und welche unnötigen Gegenstände er aus dem Vergnügungspark holen sollte. Nur die Verantwortlichen wissen, dass der Einwohner so etwa fünfundneunzig Prozent der Gegenstände gar nicht braucht.

Zeichnung 2 : Flyer Tag

Hier oben in Flensburg, die Stadt an
der Grenzregion, hier treffen sich die
Kulturen aus vielen Länder und alle
haben ihre eigenen Angewohnheiten,
welches das Kaufverhalten betrifft,
die wir auch noch genauer unter die
Lupe nehmen müssen.

So geht es los

Außerhalb der Saison scheint in den Vergnügungsparks alles zu schlafen.

Montagmorgen kurz vor acht, die Welt scheint in Ordnung, die Werbezettel zeigen ihre erste Wirkung, warum schon Montag?

Es gab mal eine Zeit, da kamen die Zettel nur an bestimmten Tagen, sodass die Rush Hour immer kalkulierbar war. Bei der einen Firma am Montag und Donnerstag, bei der anderen nur am Mittwoch und noch eine andere Firma hauptsächlich Freitag bis Samstag.

Nein, jetzt ist schon morgens vor dem aufstehen alles übervölkert von Einwohnerinnen die ihre Kinder zur Schule gebracht haben, oder den Ureinwohnern, die sind allerdings zu jeder Tageszeit in den Parks anzutreffen.

Die Einwohner, die morgens nicht an einen bestimmten Ort müssen, sind natürlich auch dort wo es die Schnäppchen geben soll, welches meistens nicht den Tatsachen entspricht.

Zeichnung 3 : Morgens 8 Uhr

Dies ist ja wohl auch OK, denn jeder Einwohner möchte seine Schnäppchen machen, aber muss dies ausgerechnet noch in halber oder sogar ganzen **Schlafzimmerbekleidung** sein und auch noch in **Puschen**?

Vollgekleckerte Oberbekleidung, ausgeleierte und völlig verdreckte Jogging-oder Sporthose, wo man auch noch daran erkennen kann, wann der Einwohner auf der Toilette war und was natürlich nicht fehlen darf sind die eingetragenen Duschschlappen, meistens drei Streifen. Alte Holzpantoffeln werden auch gerne getragen, man hört sie aber kaum weil der halbe Stall oder Garten noch darunter klebt.

Es muss natürlich eine Erfüllung sein, so völlig verdreckt zum Vergnügungspark zulaufen, ein paar Pfandflaschen abzugeben, ein paar Halbe mit zum Frühstück und der netten Bäckereifachverkäuferin seine Bestellung mit der besten **Mundhygiene** entgegen zuwerfen.

Es werden heute aber nur Brötchen gekauft, weil es zwei für den anderthalbfachen Preis gibt. Und schon hat sich der Erfolg eingestellt, für beide Seiten. Außer für die Bäckereifachverkäuferin, der ist nämlich Grotten schlecht, es wird nicht der letzte Kunde sein, mit so einem gepflegtem Aussehen.

Zeichnung 4 : Netter Morgen

Manche Einwohner oder sagen wir
mal Ureinwohner haben sich auf einen Park festgelegt, wo sie zwei bis
drei mal die Woche hingehen, um ihre
kompletten Wünsche zu erfüllen, das
reicht ihnen dann auch am persönli-
chen Glück. Man kennt sich halt
nach einer gewissen Zeit und das
möchte man nicht missen.

Denn Sie wissen nicht warum

Ein anderer Vergnügungspark, anderer Ort, ganz in der Nähe vom ersten Park und gleiche Uhrzeit.

Es bildet sich eine riesige Schlange vor dem Markt, es entsteht Unruhe, schon Acht Uhr vorbei und noch nicht aufgeschlossen. Was ist wohl los, gibt es heute etwa frische Lebensmittel. Es war ein heftiger Samstag, wie immer.

Alle Vergnügungsparksüchtigen die vor dem Markt warten, stehen jeden Montagmorgen um kurz vor Acht dort herum, sie wissen genau, das am Sonntag keine Ware angeliefert wird oder etwa nicht? Es ist auch unwahrscheinlich dass bis genau Acht Uhr frische Ware einsortiert wurde, wenn der Marktleiter erst fünf Minuten vorher eintrifft.

15

Also wieso stehen jetzt diese armen Einkaufswütigen vor dem Markt herum, obwohl sie wissen dass es nichts gibt. Nach jahrelanger Untersuchung und Gesprächen kam etwas ganz seltsames heraus. Einige Vergnügungsparksüchtige wurden direkt angesprochen und gefragt, warum sie hier stehen würden wo es doch nichts gibt. Die Antwort war niederschmetternd.

Ich weiß es nicht!

Zeichnung 5: Sie wissen nicht Warum

Der Pendler

Ein anderer Vergnügungstyp ist der
Pendler, jener ist an den **Rush Hour
Tagen** in sämtlichen Vergnügungsparks anzutreffen. Mit allen Werbe-
mitteln ausgerüstet macht er sich
morgens auf den Weg, um möglichst
viel von dem was **er nicht braucht** zu
ergattern. Jede Verkäuferin oder jeden Verkäufer kennt er mit Vorna-

17

men, entweder aus guten oder schlechten Zeiten. Wenn unser einer(Einkäufer zu normalen Tageszeiten) vielleicht mal am Nachmittag losgeht um eine Besorgung zumachen, kann es passieren das man sie noch immer antrifft, vollgepackt, blutunterlaufende Augen und zitterig.

Die Pendler, sie kennen sich halt. Wenn die Werbebroschüren abgearbeitet worden sind, ist die Woche auch schon bald vorbei, aber liebe Pendler die nächsten Flyer sind schon im Druck. Die Vergnügungsparks, sie brauchen euch, wer soll denn sonst den ganzen Ramsch kaufen, den normale Einwohner nicht brauchen.

Und auch dafür sind wir euch dankbar, ist der Ramsch erst einmal aus dem Laden, ist der Park auch gleich viel Übersichtlicher und man sieht

wieder die wichtigen Dinge, die benö-
tigt werden.

Zeichnung 6 : Die Pendler

Weiter so

Jetzt wollen wir uns mal den Tagen zuwenden, die Schleswig Holstein gerade zu in den Ausnahmezustand versetzt.

Es beginnt das Frühjahr und somit die Zeit der Feiertage. Ich glaube seit der Geburt Christi kommen die Christlichen Feiertage immer wieder und das Jahr für Jahr.

Umso schlimmer ist zu erwähnen, dass dies bei fünfundneunzig Prozent der Bevölkerung noch nicht angekommen ist.

Noch einmal erwähnt! Die Feiertage die ich meine, die den absoluten Landfrieden oder sogar den Weltfrieden zu erschüttern bringen sind Ostern und Weihnachten.

Hinzu kommt noch Silvester, der in dem Sinne kein Feiertag ist, aber die Bevölkerung verhält sich dem entsprechend.

Zeichnung 7 : Immer Kalender

In den Vergnügungsparks herrscht schon sechs bis acht Wochen vorher helle Aufregung.

Die Sortimente werden um bis zu fünfzig Prozent aufgestockt (man denkt ja an die Pendler).

Die Preise werden erhöht, Mitarbeiter werden entlassen, damit es an den Kassen noch länger dauert, (als wenn das nicht sowieso schon so ist).

Aber es hat einen anderen Grund, die Parkbesucher sehen die zwanzig bis dreißig Meter langen Schlangen an den Kassen und denken, och, da stelle ich mich später an und schlendern in der Zeit noch einmal durch den Park. Es wird sich hier und da noch einmal bedient und somit hat der Parkbesitzer gewonnen und die Taktik ist aufgegangen.

Nachdem ja auch die Öffnungszeiten schon bis in das unendliche verlängert worden sind um noch mehr Magnetkartenbesitzer in den Park zu locken werden als nächstes die **ex-trabreiten Einkaufswagen** aus dem Winterquartier geholt. Das Fassungsvermögen wird so um zweihundert Prozent gesteigert.

Da wir ja wie gesagt an der Grenzregion leben, kommen sehr viele Einkaufsjunkies aus den Skandinavischen Ländern. Diese Magnetkartenbesitzer benötigen XXXL Einkaufswagen, weil sie überwiegend nur Drogen einkaufen.

Zeichnung 8 : XXXL Wagen

Es handelt sich hierbei um zehn bis zwanzig Paletten Bier, bis zu dreißig Kartons Wein, Natürlich darf der Schnaps in Unmengen nicht fehlen. Süßigkeiten müssen natürlich auch noch mit, ca. zwölf Kilogramm.

Deshalb gibt es zu unseren Parks auch noch extra Dänische Vergnügungsparks, wo es natürlich fast nur dänische Produkte zu erwerben gibt und der große Nachteil für die deutsche Bevölkerung **Sie akzeptieren keine Devisen.**

Ja ist das denn nicht seltsam, wir lassen jeden in unsere Parks und sie **GRENZEN** uns schon im Voraus aus, indem sie den Euro nicht anerkennen.

Na denn Prost!

Zeichnung 9 : Euro Nein Danke

Vorher ist auch schon fast nachher

Auf dem Kalender ist es zu ersehen, wann einer dieser Tage bevorsteht, doch das glauben die meisten Einwohner nicht. Bemerkt wird es erst wenn sie vor fast halbleeren Regalen stehen. Der erste Gedanke „ Ist heute Montag", doch plötzlich, wie aus heiterem Himmel, hören sie Gespräche mit, wie zum Beispiel **„ Hast du schon alles für die Festtage oder konntest du alle Geschenke besorgen".** Morgen ist es schon soweit.

Da wird er oder sie sofort ganz unruhig, alle Kräfte und Magnetkarten zusammen vereint um doch noch schöne Festtage verleben zu können, welche das auch immer sein mögen.

Das schlimme wiederum daran ist, dass urplötzlich soviel Lebensmittel eingekauft werden, das diese für zirka anderthalb Jahre ausreichen würden. Und das für einen drei bis vier Personenhaushalt ohne Besuch über die Festtage. **Da werden soviele Kalorien in zwei bis drei Tagen konsumiert, die sonst ausreichen für ein ganzes Quartal,** dies beweist ein Blick in die Bevölkerungsschichten.

Zeichnung 10: Schon Feiertag

In der Hauptsaison ist es mit den heran strömenden Menschenmassen

noch schlimmer als an den Feierta-
gen.

Es herrscht Überbevölkerung, Park-
platzmangel und man darf nur mit
einem Fremdwörterlexikon vor die
Haustür gehen. Das Schlimmste was
jemals in Schleswig Holstein passiert
ist, ein Ausverkauf der Spirituosen
und gekühlten Getränke, es waren
fast alle Vergnügungsparks davon be-
troffen, auf Deutsch gesagt

„ das Bier war alle „ und die Braue-
reien konnten nicht schnell genug für
Nachschub sorgen.

Dieser Zustand führte wohl auch dazu dass sich das Ozonloch noch ein
Stück öffnete.

Globale Erderwärmung

Hauptsaison, fünfunddreißig Grad im Schatten, das Bier und jegliche Erfrischung alle, Klimaanlagen privat und in den Vergnügungsparks laufen auf Hochtouren.

Trillionen von Menschen vereinigen sich in Schleswig Holstein, ihre Ausdünstungen sind unerträglich, die einzige Abkühlung verschafft das Einkaufszentrum. Also alle hinein und weiter ab dünsten.

Die Klima und Lüftungsanlagen der Vergnügungsparks sind so konzipiert, das nach einer gewissen Zeit die komplette Luft ausgetauscht wird. Man muss sich das so vorstellen, wie bei einer LKW Bremse, die den Überdruck abbaut, also die Luft herausschießt.

Jetzt sind also die Trillionen Menschen in den Märkten und **duften** vor sich hin und alle Märkte nehmen gleichzeitig den Luftaustausch vor, da kannst du als Ozonloch nur sagen **„ ich mach noch ein Stück weiter auf "**, bei soviel CO2 welches auf einmal in die Atmosphäre geschleudert wird.

Ein weiterer Punkt für die Erderwärmung sind natürlich die Emissionswerte die in die Höhe schnellen. Wem nützt es denn, wenn in der Hauptsaison von fünf Trillionen Fahrzeugen, nur drei Trillionen 1 Liter Fahrzeuge sind. Die anderen zwei Trillionen haben nicht mal mehr eine ASU Plakette oder es sind Fahrzeuge die unter deutschen Richtlinien hier gar nicht mehr fahren dürften, aber in der Hauptsaison ist wohl alles erlaubt.

Na dann gute Fahrt.

Zeichnung 11 : Emission Anstieg

Welches Einkaufsverhalten auch erschreckend ist, das sind die Spontaneinkäufer. In Zusammenhang mit den Aussagen

- Das können wir später erledigen
- Wir schnacken noch
- Oder ich habe gedacht du hast schon

Der Spontaneinkäufer

Nachdem wir die Feiertage abgehandelt haben und dies manchmal auch spontan Käufe sind, geht es auch noch schlimmer.

Schweißperlen bekommt jener der zuhause gefragt wird, morgen ist doch unser Hochzeitstag, was machen wir denn da. Schon beginnt es zu qualmen und doch kehrt im nächsten Augenblick wieder Ruhe ein, weil ja teilweise bis zweiundzwanzig Uhr geöffnet ist.

Es werden Geburtstagsgeschenke auch erst einen Tag vorher besorgt, obwohl man doch ein ganzes Jahr Zeit hat um das passende Geschenk zu finden, welches man auch wirklich gebrauchen kann. Man kann auch jedes Jahr das gleiche und einfallsloseste Geschenk besorgen, mit dem

Hintergedanken, die werden schon nichts sagen und wenn ist es auch egal. Man ist halt so naiv.

Super sind auch die Paare die so vor sich hinleben und ihr morgens nach dem Duschen einfällt, du Liebling können wir morgen heiraten **„ du kannst dann ja mal schon alles besorgen „**. So habe ich das Gefühl, wenn bei mir in der Firma Hochzeitstorten für den nächsten Tag bestellt werden. Das muss man dann auch nicht mehr verstehen, also einfach machen und gut.

Zu den Spontaneinkäufern gehören auch die Einwohner, die zu Partys oder ähnlichen Anlassen einladen. Man betritt voller Zufriedenheit den Ort des Geschehens und muss erst einmal feststellen, dass nur der halbe Partner anwesend ist, das gibt schon zu denken.

Ist was passiert oder nach dem Zitat **"wir schnacken noch"**, das bedeutet ja soviel wie, ich habe es gehört, werde es meinem Partner nicht weitersagen und werde es sogleich auch schon wieder vergessen. Da ja nun keiner so richtig Bescheid weiß, wird dann bei Ankunft des so vermissten erst einmal besprochen was es so zu essen und trinken geben soll.

Und schon zieht man los, es ist ja wie gesagt bis acht auf, obwohl man eigentlich wieder nach Hause gehen sollte.

Viele Bewohner haben es sich auch zu ihrem Hobby gemacht, auf den letzten Drücker einkaufen zugehen, die finden das toll, lieben die frische Abendluft oder machen gerne noch ein Schnäppchen beim ansässigen Bäcker. Ab siebzehnuhrfünfundvierzig Backwaren zum halben Preis, das ist doch mal was!

Spontankäufer, dazu gehören eigentlich auch die Vorratseinkäufer, das sind jene die aus den Flyer, nur die wichtigen Lebensmittel und Gebrauchsgegenstände herausfiltern, wie zum Beispiel: Waschmittel, Kaffee, Fleisch einer besonderen Firma und natürlich nicht zu vergessen, wenn eine Kiste Bier für dreineunundneunzig angeboten wird.

Zeichnung 12 : Spontaneinkäufer

Die mit dem Taxi einkaufen

Zu beobachten ist ein weiteres Phä-
nomen, und zwar im Ein-und Aus-
gangsportal des Vergnügungsparkes.
Nachdem wir normalen und unnor-
malen Vergnügungsparkbesucher mit
überfüllten Taschen kaum noch zu
unserem mobilen Transportmittel

kommen, werden jüngere und vielleicht einmal etwas ältere Dorfbe-
wohner, die zum größten Teil auch
noch besser bekleidet und gesünder
aussehen als wir selbst, mit dem Taxi
vom einkaufen abgeholt, und dies sa-
ge und schreibe vollbepackt mit einer
halben Plastiktüte, die manchmal sogar noch der Taxifahrer abnimmt und
in den Kofferraum legt.

 Wie ist das möglich? Das gleiche ist
auch zu beobachten nach dem Arzt-
besuch, man selber schleppt sich voller schmerzen die Treppe herunter,
um sich nach Hause zu quälen, doch
plötzlich springt ein junger Hüpfer an
einem vorbei und wird mit dem Taxi
abgeholt und Hause gebracht oder
vielleicht doch erst einmal zum einkaufen. Wo wir auch wieder beim
Thema sind.

Wer bezahlt dieses chauffieren?

Wer übernimmt diese Kosten?

Werden diese Kosten auf die Lebensmittel umgelegt und durch die Mehr-
wertsteuer aufgefangen, **also Wir**,
oder bezahlt das abholen die Kran-
kenkasse, dann werden kurzerhand
die Beiträge erhöht, **also Wir**, kann
sich jeder für diesen Dienst anmelden
oder ist das nur für bestimmte Einwohner (die morgens nirgendwo hin-
müssen) vorgesehen.

Dies bleibt wohl immer ein Geheim-
nis!

Zeichnung 13 : Taxi Einkäufer

Samstagsmorgen 10.45 Uhr

Großkampftag, überdachte Vergnügungsanlagen, mit mehr als zwanzig öffentlichen Parks.

Das Augenmerk legen wir auf die Leergutautomaten, wo fast immer zu wenig von vorhanden sind und wenn doch mal ein Parkbesitzer auf die Idee gekommen ist mehrere aufstellen zu-lassen, sind am Samstag fünfzig Prozent kaputt.

Aber den Magnetkartenbesitzer stört das anscheinend wenig, denn mit der ganzen Familie angereist, so etwa zehn bis fünfzehn Personen ist dies wie ein Familienausflug. Nach stun-denlanger Irrfahrt um einen Parkplatz zu ergattern, **denn jeder möchte am liebsten direkt neben der Kasse parken,** wird dann der extra große Einkaufswagen mit dem Leergut voll-gepackt.

Die Horde betritt das Vergnügungsge-lände, zielstrebig wird der Leergutau-tomaten angesteuert. Kurzes entset-zen, die Schlange beträgt mittlerweile fünfzehn bis zwanzig Meter. Die Kundschaft an den Automaten steht wie immer mitten im Weg, man könnte meinen sie wären die einzigen die den Vergnügungspark besuchen und so verhalten sie sich auch.

Keiner wird durchgelassen oder zumindest nur ungern, also die Hälfte der Horde stellt sich brav und ohne groß zu überlegen hinten an. Zirka sechzig Parkbesucher sind vor der Horde an der Reihe, alle haben so in etwa drei bis vierhundert einzelne Pfandflaschen im Einkaufswagen.

Es scheint niemanden zu stören das man so ungefähr drei Stunden in der Schlange steht. Der Park hat ja bis zwanzig Uhr geöffnet und der Tag ist sowieso nicht mehr zugebrauchen. Und hier kommt noch

der Tipp des Tages:

Ist die Warteschlange zu lang und du hast keine Lust dich anzustellen, gehe zum Informationsstand und frage

die nette Person, ob du hier abgeben
kannst da die Automaten Defekt sind,
gelogen hast du ja nicht. Fünfundneunzig Prozent nehmen das Leergut
an und der Vormittag ist gerettet.

Zeichnung 14 : Leergutautomaten

Leergut zu Fuß Wegbringer

Die Dunkelheit brach herein, vereinzelt waren noch spielende Kinder zuhören.

Der Bus kam die Straße entlang und brachte die letzten Pendler nach Hause, einige Autos fuhren auch noch umher, so zum Vergnügen oder Kinder vom Sport abholen. Fußgänger waren nicht mehr soviele anzutreffen, es war eigentlich kein Spaziergehwetter.

Doch was war denn das, konnte ich meinen Augen trauen?

Mal engumschlungen, mal Hand in Hand ein Liebespärchen, nein Liebespärchen würden sowas nicht machen, dann sagen wir mal sie wohnen schon länger zusammen und sind liiert.

Jeder eine riesige Plastiktüte in der Hand, vollgestopft mit Leergut. Die bringen abends ihre Pfandflaschen zum Leergutautomaten.

Statt sich ordentlich durch zupoppen, bringt dieses Paar Pfandflaschen weg.

Und dann beklagen wir uns über zu wenig Nachwuchs in der Bevölkerung.

Es kann natürlich auch einen anderen Grund haben, dass sie das Leergut abends wegbringen. Vielleicht brauchen sie das Pfandgeld für neue Kondome, dann ist es zu verstehen und zu akzeptieren.

Zeichnung 15 : Leergut zu Fuß Wegbringer

Das Verhalten an der Kasse

Gut gelaunt und voller Zuversicht betritt man den Vergnügungspark. Der
obligatorische Merkzettel den man bei
sich trägt, hält man verkrampft in der
rechten Hand, den Wagen schieben
wir mit links. Der Merkzettel, man
braucht ihn eigentlich nicht, aber je-

der hat einen, warum auch immer?
Es wird sowieso mehr besorgt als
man braucht. Zügig werden alle Dinge in den Wagen gelegt (ca. vierkom-
masieben Minuten), zielstrebig wird
dann die Kasse angesteuert.

Drei Kassen auf, welch ein Wunder.

Zeichnung 16 : Vor der Kasse

Erste Kasse:

Kassiererin, Ureinwohnerin, drei Kunden, nur ein paar Artikel im Wagen, könnte schnell gehen, man wartet ab.

Zweite Kasse:

Kassiererin, Halbtagskraft, nicht so motiviert, ein Kunde, man stellt sich nicht an, irgendetwas ist faul und siehe da, die Kassiererin steht auf, weil die Kundin vergessen hat das Obst oder Gemüse auszuzeichnen **(wird ja erst seit ungefähr zehn oder zwanzig Jahren praktiziert),** Glück gehabt, einer drängelt sich noch vor.

Dritte Kasse:

Kassiererin, Auszubildende, Spaß an der Arbeit, noch abwechslungsreich, vier Kunden, die Wagen sind voll, die

Kunden packen gemächlich ihr Einkaufsgut auf das Laufband, manchmal sogar **Einhändig,** man hat ja Zeit und die Auszubildende praktiziert das einscannen auch noch nicht so zügig.

Man möchte am liebsten Kasse drei wählen, aber dann doch schnell zur eins gewechselt, man glaubt an die Erfahrung der Ureinwohnerin und das heute mal nichts schief läuft.

Nachdem schon einige Zeit vergangen war, wegen der Entscheidung die man treffen musste, hat die erste Kundin es bereits geschafft ihre Waren auf das Band zulegen (innerlich wird dem Geschehen applaudiert). Plastiktrennstab wird fachgerecht aufgelegt. Der zweite Kunde packt etwas zügiger auf. Plastiktrennstab wurde natürlich nicht vergessen. Das Band ist jetzt voll, es wird nachgerückt, schon ein Teil in der Hand, aber noch kein Platz.

Die Ureinwohnerin fängt an zu scannen, ganz fachmännisch, man merkt ihr die Erfahrung an, plötzlich ein lautes doppelpiepen, erster Gedanke (jetzt geht das schon wieder los) kein Preis im Code, aber durch die Kassiererin schnell behoben, Glück gehabt.

Der Gesamtbetrag wird der Kundin mitgeteilt, ein bis zwei Minuten wird nun im Portemonnaie gekramt ob es wohl passend darin liegt, noch ein paarmal nach dem Betrag gefragt, es reicht nicht und es wird dann doch die magnetkarte genommen.

Hoffentlich hat sie ihren PIN nicht vergessen, es geht alles glatt. In der gleichen Zeit hat die Auszubildende an Kasse Drei auch schon den ersten Kunden, zügig abgefertigt und der hatte das Vierfache an Waren im Wagen.   **Respekt!**

An Kasse Eins geht es weiter, ruck zuck durch gescannt, keine Probleme, na also geht doch. Gesamtbetrag wurde angesagt, Kunde gibt gleich die Magnetkarte, durchgezogen.

Auf einmal ein Getuschel bei den beiden zu vorderst, au nein eine Durchsage. Ein weiterer Marktmitarbeiter kommt herbei geeilt, denn nur er hat den Zauberschlüssel. Doch was war passiert- Dem Kunden ist in seinem ganzen Magnetkarten Wirrwarr nicht gleich seine Bonuskarte für diesen Vergnügungspark aufgefallen, also Bezahlvorgang abbrechen, Storno buchen, dann erst die Bonusmagnetkarte durchziehen, dann die Bezahlmagnetkarte und fertig, na prima.

An der Kasse Drei wird schon der dritte Kunde abgefertigt(schade doch wieder falsch entschieden). Kasse eins packt der dritte Kunde jetzt aus, er hat es nicht eilig, manchmal einhändig, ab und zu große Lücken, auf jeden Fall fängt die Kassiererin schon an zu scannen, das spricht für das Tempo. Plastiktrennstab, auch da. OK

Nun kann auch der Entscheidungsfreudige letzte Kunde endlich seine paar Waren auf das Laufband ablegen. Geschafft, Plastiktrennstab wird nicht hingelegt, erstens aus Prinzip und zweitens kommt er nicht heran. Auch diesmal wird der Gesamtbetrag angesagt, Schweißausbrüche beim letzten Kunden, aber es kommt anders als man denkt, es wird bar bezahlt.

Eigentlich erfreulich für alle noch wartenden Kunden, aber die Kassiererin hatte nicht genug Wechselgeld, das kann doch nicht wahr sein. An Kasse Drei schon der vierte durch, na super.

Das Wechselgeld trifft ein und das Geschäft wird erledigt. Der letzte Kunde ist an der Reihe, das Schild bitte nicht mehr anstellen musste er auch noch aufstellen, aus Höflichkeit, schlecht gelaunt ist er nun auch noch und möchte möglichst wenig mit der Kassiererin sprechen. Er beschränkt es auf das wesentlichste und raus aus dem Park. Ein Gedanke schießt ihm noch durch den Kopf.

Nicht denken, einfach irgendwo hinstellen!

Zeichnung 17: Kartensammlung

Da jetzt jeder Einwohner in Schleswig-Holstein mindestens vierhundertmal in der Woche im Vergnügungspark gewesen ist, gibt es doch noch Notsituationen. Falls es noch nicht alle mitbekommen haben, die Vergnügungsparks haben schon sechs Tage geöffnet und das nicht erst seit gestern. Manche Parks haben sogar dreihundertundzweiund-

sechzig Tage offen. Viele Bäckerei-
fachgeschäfte bieten ihre Waren auch
noch am Sonntag an.

Was kann also noch fehlen!

Der Tankstelle sei Dank

Wie das Wort es schon beschreibt

Tankstelle

Mit dem Automobil hin, Tank voll
und schönen Tag noch. Ganz, ganz,
ganz früher war die Tankstelle die
letzte Hoffnung um noch Schnaps
und Zigaretten zubekommen, weil es
Kiosk kein Kredit mehr gab, und der
Tankwart auch ein Spritti war und
man sich halt kannte.

**Es hat ja auch was mit tanken zu-
tun**

Wie schlecht kann man so eine Einkaufswoche planen, und in welch verzweifelter Lage müssen die Einwohner sein, das sie dem Tankwart an einem Sonntag, ein fröhliches Moin entgegenwerfen.

Den Tankstellenkonzernen kann es nur recht sein, mit Minimum am Wareneinsatz super hohe Gewinne zu erzielen. Über Qualität und der gewissen Erfahrung um manche Produkte richtig herstellen zu können, möchte ich nichts zu Papier bringen. Aber nun doch noch ein kleines Beispiel, wie schlecht es einer vierköpfigen Familie an einem super sonnigen Sonntag ergehen kann.

Liebling, ich muss mal schnell zur Tanke, das **Klopapier** ist alle.

Dies kann natürlich mehrere Gründe haben, kein Flyer oder einfach keine Zeit gehabt an sechs Tagen.

Die Umstrukturierung der Tankstellen und was daraus geworden ist, haben sie auch nur der Bequemlichkeit der Einwohner zu verdanken und das ist erschreckend

Welch schöne Dinge und Hobbys könnten Einwohner und deren Familien betreiben, wenn sie die Zeit nicht durch unnötiges einkaufen vertrödeln würden. Vielleicht haben wir ja Glück, das das Ladenschlussgesetz gekippt wird und wir an sieben Tagen vierundzwanzig Stunden Einkaufen könnten.

Zeichnung 18: Tankstelle

Der Tag danach

Nachdem nun der Festtag vorüber ist,
kehrt wieder in allen Lebensbereichen
Normalität ein. Die Feiertagsgäste
haben sich nun endlich wieder verab-
schiedet und die Wohnung muss
dann erst einmal zwei bis drei Wochen renoviert werden, als nächstes
schon mal die Vorbereitungen für den
nächsten Anlass notieren.

Eine komplette Inventur wäre von Vorteil, weil die Schränke ja noch vor Lebensmittel überquellen. Ganz wichtig ist auch, dass man das Mindesthaltbarkeitsdatum kontrolliert, sonst sind die Verluste zu hoch wenn man dies erst in ein paar Wochen bemerkt. Es wird eingeworfen das ein Sommerurlaub auch ganz schön wäre, aber daran ist nicht zudenken, da das Kapital fest angelegt ist und zwar in Lebensmittel.

Die Enttäuschung ist groß, vor allem bei den Kindern. Wir geben dann dem Einkäufer die Schuld, er hat sich natürlich auch kein Rückgaberecht für die Waren einräumen lassen.

Das schönste aber scheint zu sein, das die Druckereien wieder arbeiten und die Zeitungsboten frisch gedruckte

Flyer

liefern.

Gott sei Dank.

Die Woche ist gerettet!

Meiner Familie möchte ich Danken, das sie
es an einigen Tagen und Wochen ohne mich
ausgehalten haben.

Die Technik der Müllentsorgung

Pressetext Flensborg Avis